Eso que llamamos Amor

Jeemlesa

Conceptos sobre el Amor

Dedicatoria

Para todos aquellos, creyentes y no creyentes en el concepto del Amor.

Indice

Prologo:

¿Qué es el Amor?, tal vez quizá debería de comenzar por: ¿ quién no ha amado o experimentado el Amor?.

El Amor va mas allá de enamorarse de alguien; esta el Amor d e padres a hijos, el Amor a una mascota, el Amor hacia alguien en especial, el Amor a la vida misma.

Vemos que el concepto del Amor esta en todos lados, de hecho, se suele decir que la vida misma es el resultado de un proceso en el que la energía del Amor es la que sostiene el mundo- y quizá el universo mismo.

Aunque todos experimentamos el Amor, no significa que todos seamos capaces de entenderlo, porque el Amor no es solo "enamorarse" de esa persona que consideramos especial y sentir emociones o deseos bonitos y agradables; no, el

Amor suele ser mas que eso, de hecho suele ir acompañado de mucho misterio y otras cosas.

El Amor, entre otras cosas, es la base de la existencia misma, es lo que le da sentido y razón- entre todo lo ilógico que suela presentarse-

A través de este escrito, expongo el concepto del Amor bajo una perspectiva de la experiencia, un tanto lógica, tratando de responder: ¿porque amamos y que representa eso en nuestra vida y la razón del ser?.

Esperando sea del agrado del lector y sirva de reflexión, ojala encuentren en este escrito algo que pueda ser no solo de interés, sino de utilidad, porque el concepto del Amor también hay que entenderlo, para así evitar caer en toda clase de posibilidades ilógicas y engaños que se nos presentan en la vida.

Jeemlesa.

El

Amor

¿Qué puede ser tan vasto como la intensidad y esencia de las cosas, y al igual que un vacío, ser aterrador y sofocante?
Amar es confiar, es esperar, es temer.

Amar es perder la sensación de control porque la verdad del otro no se conoce; es tener fe y esperanza de que lo que se cree sobre el otro es correcto- aun cuando no se sepa que es aquello por considerar cierto.

Cuando uno ama, la desnudez del cuerpo y alma se hace presente, simplemente no tenemos opción; se nos presenta ante nosotros el espejo de la realidad: no hay nada que ocultar, todo por descubrir.

Los errores y perfecciones se nos presentan tal cual, es la oportunidad para liberarse de aquello que no es útil- pero liberarse de las cosas es doloroso, no por dejar aquello inútil- no es como ducharse y quitarse el polvo: una ducha es rejuvenecedora porque quita lo que no deseamos del cuerpo -pero por ejemplo el orgullo, el orgullo no es solo polvo y sudor; es y a sido algo que hemos decidido que formase parte de nuestra vida- el polvo solamente ha estado de pasada, pero el orgullo es algo que se ha integrado: no es que no queramos deshacernos de los errores e imperfecciones; -es que solemos hacer de estos nuestro estilo de vida- por eso es doloroso, por que de pronto, no sabríamos que hacer- y no olvidemos la vergüenza: es vergonzoso exponer debilidad ante los demás.

Amar es luchar en cierto momento contra la corriente, es sentir que entiendes todo y nada a la ves, es sentir frio cuando estas acobijado, y calor cuando esta helando; ¿la lógica?

El Amor duele, porque es darse cuenta de que uno a veces se equivoca y a nadie le gusta estar equivocado; es aterrador, porque ya no sabemos si lo que uno tiene lo merece, y si lo que se merece es justo tomarlo.

Cuando uno se encuentra envuelto en el caos y problema del Amor -porque se ama a una persona- de pronto, parece que descubrimos que tenemos todo, que ya no necesitamos de nada mas - el detalle es que aquello es tan frágil, tan sensible que se puede romper, y la sensación de tal perdida es tan aterradora como el vacío mismo- y sucede que solemos entrar en pánico, en un mundo terrorífico, perdidos en un estado cuya existencia no tendría fin, donde la pérdida de control y dirección es lo que reinan: todo por la posibilidad de perder aquello que hemos encontrado, como su fuese un tesoro.

Amar es gritarle al mundo que uno esta presente y esperar respuesta sin saber que sucederá, sin saber como actuar, sin saber que hacer.

La esperanza es parte del amor, algo que da y crea; pero requiere de fe y acción, de esta manera , el Amor mismo se sostiene con la verdad, como concepto mismo que define la vida y existencia de las cosas, así como su falta de.

Vivir es negarse a dejarse vencer, amar es reconocer la verdad, aquella desnudez que nos deja sin protección, quizá por eso, buscamos la fe , la esperanza,

Desnudarse a uno mismo es llegar a la vedad de las cosas, sin saber que esperar, aunque se sepa el camino a elegir.

Desnudarse implica pedir perdón, dar gracias, y después , implica seguir luchando por lo que uno desea, aun y cuando todo parece estar en contra y haberse equivocado cuando uno se enamora.

Tesoro oculto

"Un salto de gran altura"

Una vez que uno conoce a quien cree es el Amor de su vida, si se imagina con esta persona y la otra responde por igual, se visualiza un futuro: solo el Amor verdadero es capaz de crear realidades. Podríamos decir que todo parte de un proceso amoroso, de hecho, suele decirse que la vida es un concepto atribuido a un proceso de Amor.

Es realmente difícil explicar lo anterior, pero no el señalar su afecto o acción: ¿ de qué otra manera pudiéramos explicar el que los padres de familia tengan el coraje, el valor, fuerza y quien sabe que mas cosas necesarias para soportar todas las adversidades relacionadas con tener hijos?; quien sabe de dónde, pero el enamorado que pretende conquistar a su chica hace hasta lo imposible por quedar bien, y ¿para que?, si lo que se avecina es una tormenta monstruosa de adversidades titánicas; siendo lógicos. ¿para que esforzarse por algo que se avecina es lo mas terrorífico y desconocido.

Ciertamente el Amor es así; ilógico, pero al final, vemos que sin aquel tormento necesario, las cosas no serian como son.

Regresando al concepto de cuando una pareja se conoce y "conectan", vemos que se visualiza un futuro; dicho futuro poco a poco va adquiriendo forma según las acciones presentes o actuales. Ese "futuro", tiene una serie de características en nuestra imaginación, todas tangibles y potencialmente realizables.

Como en la relación ambas partes están de acuerdo (por ejemplo, creer que están destinadas para estar juntos); el futuro que se establece genera ciertos beneficios o problemas presentes que no estarían de no existir tal visualización, y así, en muy poco tiempo, (acaso fracciones de segundos) , se comienzan a definir cursos de realidad inmediatos.

Este "futuro", muy borroso en su definición, se nos presenta como un abanico de posibilidades, y vemos como que de un arrebato, una sola acción presente , va deduciendo todo a una sola condición.

De pronto todo en su conjunto es atemorizante y se dispara la adrenalina, - es como el practicar un deporte extremo: en un poco periodo de tiempo, ocurren demasiadas cosas, todas tangibles y tan fugaces, que pueden llegar a ser como el tiempo en que tarda uno en llegar desde arriba hasta abajo una vez que se ha lanzado uno del bonye. – Así de extremo es el Amor-. Uno simplemente desea que esa sensación de intensidad siga en el tiempo y no termine. Pero no podemos.

Hay momentos en nuestra vidas en el que las decisiones generan un "precipicio" de oportunidades, que solo duran el tiempo que lleva llegar de un punto a otro en una forma intensa: algunas decisiones nos lanzan a tales "precipicios" de condiciones donde el futuro se materializa muy rápido; Las ilusiones de un futuro "traídas" al presente, nos hacen sentir un éxtasis, creando condiciones agradables que no estarían de no ser el caso.

"Tesoro en el fondo del abismo"

Al amar, en ocasiones nos encontramos con problemas o detalles que como persona no sabíamos que teníamos o que siempre pretendíamos ocultar; esos detalles son los que comienzan a redefinir el futuro. – No hay escapatoria, así es el Amor.

La ilusión de un futuro exitoso, agradable y sin problemas es un tesoro que todos buscamos, y en si mismo es placentero solo pensar en eso; pero en las relaciones ese tesoro, comienza siendo muy grande y prometedor, hasta que el curso de las acciones presentes lo van materializando.

A veces, partiendo del oro, se termina en plata y cobre; otras veces se termina con un puñado de piedras valiosas, o en un conjunto de material oxidado y empolvado ; otras mas en fracciones de espejitos reflectores, - ilusión pura de riqueza sumergida en pobreza. -Tenemos que de un futuro prometedor, nuestro presente puede establecer si termina por ser real o no aquel "tesoro"

La búsqueda de un tesoro genera placer. El placer , lo agradable y lo bueno, es algo agradable , pero ese estado no puede durar mucho tiempo sin la esencia, sin aquello que lo sustente.

A veces , si uno se ilusiona de un deseo por mucho tiempo y no se aporta nada (o muy poco) para obtenerlo, si el deseo mismo se mantiene, es porque algo lo sustenta, y la esencia que lo sustenta en ocasiones en este caso no puede ser sino la avaricia, el desprecio, la soberbia, la lujuria, la envidia; de manera que de encontrar luego aquel "tesoro" que se materializó, el resultado de tener aquel fruto, estará rodeado de un estado de penurias, desgracias, problemas, etc.

Sin embargo, si en el presente, se vive agradablemente, enamorado de una ilusión con la persona que uno elija, y si se trabaja en ser mejor, en ser claros y concisos con las decisiones; aquel futuro prometedor, podrá tener una solidez fuerte y estable, condiciones tan valiosas quizá comparables al oro o piedras preciosas en si mismas, y lo que de esto se pueda lograr hacer.

Enamorarse

El enamorarse involucra conceptos muy interesantes: uno comienza a ver "cosas" que antes no veía, se comienza a descubrir virtudes que tenemos y no habíamos notado; al enamorarnos instintivamente tratamos de mostrar nuestra mejor forma de ser.

Se dice que el hombre siente el Amor en el corazón, (también la mujer), y que no hacemos más que intensificar el sentido del aroma de la persona de la cual nos enamoramos para poder saciarnos con el placer de este sentido; también el cuerpo de una mujer se nos muestra ante nosotros en un sentido que solo la imaginación nos hace percibirlo así: pretender presenciar la desnudez de una mujer sin lujuria, como una obra de arte, como algo perfecto, invariablemente nos vuelve locos.

¿Tener sexo con la mujer que nos enamoramos?, esta claro que todos nos hacemos esta pregunta, e, invariablemente tenemos a pretender eso, pero la realidad es que disfrutamos mas de un baile, las caricias, una cena, del juego de miradas sensuales.

Enamorarse es sentir esa sensación de temor y desesperación a la vez; temor por no saber si recibiremos un rechazo o como reaccionara ella ante nuestra presencia y/o por no saber que decirle; desesperación, porque ante toda la contra que tengamos, solo deseamos verla, así de simple, sin excusa.

Difícilmente podría describir que es el Amor sin mencionar la pasión, y, difícilmente podría terminar de dibujarlo sin dejar en claro que, despierta emociones de un estado de paz, tranquilidad , seguridad, e inclusive temor.

En ocasiones llevamos una vida en la que creemos que todo lo que hacemos es correcto, y nos acostumbramos tanto a ocultar nuestros errores y olvidarlos, como si por ignorarlos su presencia y acción fuese desechada.

Todo parece estar bien, ¡hasta que uno se enamora!. De pronto al enamorarnos somos dos individuos: aquel ideal que siempre creímos o pretendimos ser, y aquel que somos realmente.

Cuando esto sucede, nos sentimos desnudos, con cierto temor de sentirnos desprotegidos, y esto a su ves nos hace sentir un deseo mas fuerte de buscar un tipo de consuelo, de cobijarnos , de buscar calidez.

¿Que otra cosa en la vida, si no es el amor, podría darnos todo esto? - llegamos a preguntar -

Ciertamente cuando nos enamoramos, ya no importa si a futuro funcione la relación o no, después de todo, por el simple hecho de enamorarnos, cada vez que realmente así suceda, hará que el pájaro de la tristeza que anidaba en nuestra cabeza busque otro lugar; que la venda del semblante de aire sombrío, propio de los vicios que nos hemos cargado sin darnos cuenta, se desprenda;

el poder del amor, es una espada furiosa que descarga su ira contra los males que nos aquejan, y despeja el camino para que un futuro esperanzador tenga cabida.

Los recuerdos

¿Olvidar es fácil?, depende. Olvidar que.

El problema no es olvidar, sino querer olvidar, poder olvidar.

En aquel horizonte infinito donde se conjuntan todos los sueños e ilusiones, en algún punto de aquel tranquilo y bravo mar formado por la esencia de los miles de pensamientos de cada ser; esta nuestro presente, pasado y futuro.

Por eso, siempre todo se repite, por eso todo lo que llamamos sentimientos, son en esencia lo mismo para uno y cada ser, y por eso quizá, tal vez quizá, siempre amaremos, y siempre recordaremos.

Pero, ¿pude realmente algo simplemente dejar de existir, desaparecer del firmamento, del registro de los tiempos por toda la eternidad?

Podremos dejar de existir, pero ¡ que de aquello que se ha vivido y se ha forjado para la historia!; ¿ha sido en vano?; ¿ realmente termina por conservarse solo aquello que realmente tiene que conservarse?; ¿ que es eso, que da aun un respiro a la existencia, sino el futuro que ser resiste a dejar de serlo, y que para ser así, se aferra a la existencia del registro de su pasado?.

Entonces si por voluntad propia, nos despojamos de nuestro pasado, de nuestros sueños, del registro de nuestros actos presentes, quizá, quizá estemos cometiendo suicidio para la eternidad.

En los detalles

esta el secreto:

Los detalles son buenos, pero a su tiempo y forma; son necesarios en dosis, medidas determinadas que deben ser bien aplicadas.

En un terreno lleno de malezas y que se va a construir, en un principio, toda la actividad inicial se notara demasiado en tiempo y capacidad de acción. En sus inicios, la actividad requerirá demasiado personal activo y mucho movimiento.

Podrá parecer que con poco actuar hay mucho cambio y efecto, pero cuando la hierba se elimine y se comience a nivelar el terreno, el proceso de acción se verá reducido y se avanzará mas lento con el tiempo. En este momento, se requerirá menos personal, y el que se siga requiriendo deberá de ser mas calificado, así como también se requerirá acciones que requieran mas detalles.

Una cosa es construir una columna y techos en la que se requieran 5 personas activas, y otra en la que, ya levantada la estructura, se requiera darle un acabado artístico al interior, y para lo cual , se requerirá de menos personal.

Es decir, hay un momento en el cual las acciones son muy vistosas, y todo mundo nota el cambio; después, parece cambiar el ritmo de acción, y que se avanza más lento.

Haciendo analogía, esto ocurre también en los niveles de relaciones humanas; las relaciones entre parejas necesitan detalles en momentos adecuados, e intensidad determinada según los tiempos establecidos.

Si al conocer a una pareja los detalles son pocos, uno puede no ganarse la atención de la mujer que está conquistando;si después de un tiempo de noviazgo se sigue manteniendo la misma intensidad detallista como al inicio, puede causar molestia e incomodar a la persona.

Lo anterior no significa que los deban desaparecer, sino que deben cambiar de estructura: al principio requieren un determinado esfuerzo: mostrar interés, capacidad económica, esfuerzo en tiempo dedicado a la persona; pero pronto las acciones deben cambiar de ser solamente detallistas, a relacionadas con el gusto; con la pasión; con lo artístico; con el entendimiento, y otro tipo de interés relacionado con el descubrimiento de la verdad; si no se cuenta con estas cualidades e instrumentos, las relaciones comenzaran a tener problemas.

Por eso en las relaciones humanas, el exceso de detalles causa molestia en un momento determinado: los detalles en tiempo no adecuado no son bien estimados ni aceptados; los detall es mal empleados (en tiempo requerido), son reclamados.

Regresando al caso del terreno, primero se trabaja en el desmonte; después de haber avanzado algo, se preara un lugar adecuado para relajarse y "festejar" el avance. No puede haber tal "festejo" sin un avance determinado y haber " adecuado" el terreno para eso.

De la misma manera,- nuevamente- en las relaciones entre parejas, hay momentos óptimos en los que uno disfruta mas la relación, porque ya se desarrollaron los momentos para que el placer, por si mismo este presente.

Se tiene por ejemplo que el sexo es bello, hermoso, placentero; sin embargo debe ser practicado en momentos y condiciones adecuadas; cuando aquello no ocurre, cuando se rompe la intimidad, cuando se practica con egoísmo y afectación a terceros, se rompe la magia de la sutileza, del encanto, y de la perfección asociada a tal acto.

El amor

no desaparece

Cuando uno se enamora, comienza a experimentar condiciones que quisiera que estuviesen siempre, y uno hace lo posible por mantener este estado; sin embargo el estado inicial del Amor suele parecer que desaparece con el tiempo, ¿ que sucede en este caso?.

Lo que sucede es que la condición del Amor, considerando que el Amor es una esencia y un estado de energía, como esencia misma sigue , solo que cambia su manera de seguir y manifestarse; esto para atender otros estados propios del ser en que este pueda mejorar como individuo; es decir , el Amores también una fuente impulsora del desarrollo.

Lo que pasa es que no siempre lo vemos de esta manera, y pareciese que nos quedamos en el efecto inicial de una sensación placentera; pero si prestamos atención, también podemos notar que, hay placer en hacer diversas actividades, las cuales nos permiten poder lograr ser mejores como individuos. –El placer por el placer, en si mismo, suele con el tiempo ser ocioso, y deja en un momento dado una sensación extraña si no va acompañado de alguna actividad o esfuerzo relacionado a la mejora.

La misma esencia del Amor no es estática, es una esencia en si misma de progreso, es una estructura de cambio, de movimiento, desarrollo y adaptación.

El sexo es adecuado y placentero para la juventud, porque son los jóvenes quienes pueden tener hijos con éxito; con la edad avanzada los individuos pierden esa cualidad, y por lo tanto tampoco es necesario ese estado de gusto del placer; sucede que el placer en si mismo no desaparece, solo se "transforma" a una forma "útil" de acuerdo a la edad propia del individuo.

Como seres vivos que somos, tenemos, desde el punto de vista químico (bioquímico), que a cada cierta etapa de la vida se va rigiendo por moléculas o sustancias químicas como las hormonas. Las hormonas son las principales sustancias que definen e influyen en el individuo, desde el como se va desarrollando físicamente, hasta los pensamientos y maneras de sentir.

En cada etapa del individuo se producen diferentes hormonas y en diferentes cantidades. Por lo tanto, a cierta edad hay determinadas hormonas que a otra edad ya no; después tenemos que hay hormonas que a partir de cierta edad se van manteniendo, pero conforme pasa el tiempo, tienden a disminuir, por lo cual su influencia en el cuerpo también, y esto va influyendo en los estados de comportamiento del individuo.

Cuando los individuos son jóvenes adultos entre una edad aprox. entre los 18 años y los 25, se tiene que es una edad optima para que se puedan tener hijos; y son mas o menos esos años en el cual el organismo tiene un una determinada hormona que esta presente en una determinada cantidad necesaria para mantener no solo el libido, sino estados de emoción o sensación relacionada a tener una empatía, o un sentido de unión y gusto por una pareja; aquello es necesario para que en el caso de que dos individuos se gusten y decidan ser pareja así como tener hijos, se refuerce el estado de unión y gusto por estar juntos.

Sucede que el concepto de que los individuos quieran estar juntos, va mas allá de solo la unión. Estimulados por hormonas determinadas, permitiría tener ciertas condiciones de tolerancia o resistencia a las adversidades de una manera que no lo tendrían bajo otra condición. Tales estímulos de resistencia y tolerancia estarían enfocados a soportar un esfuerzo extra para poder proteger y criar a los posibles hijos que puedan tener. De manera que por ejemplo, tanto hombre como mujer desarrollarán la tolerancia a los desvelos y descansos intermitentes por atender al posible bebe en los casos constantes de llanto; también se harán mas tolerables a los olores desagradables, necesario para poder limpiar el bebe y cambiar pañales; el hombre tenderá a ser mas tolerable y poder soportar mas carga de trabajo en caso de ser necesario para tratar de mantener la estabilidad económica de la familia, y así numerosos casos.

Entonces vemos que las hormonas, según el tipo y la edad en la que se presenten, irán determinando cualidades y guiando modelos de pensar y ser de los individuos; pero a mayor edad del individuo, las hormonas no solo tienden a cambiar, sino a disminuir sus niveles, y entonces, comienzan a desaparecer sus efectos en el organismo.

Cuando los individuos son adultos que por ejemplo, llegan a sobrepasar los 35 años, las hormonas ya estarán en declive, por lo tanto el libido y la tendencia a tener una familia en relación para procrear ira disminuyendo; podrán seguir los individuos queriendo quizá formar una pareja, pero en este caso ya no estaría en ellos el interés principal de procrear; de esta manera, los intereses entonces en relación a las cuestiones amorosas de pareja, serán diferentes de una que se une por la razón de procrear a una que lo hace solo por razón de compañía.

A edades diferentes, los individuos presentan diferentes cualidades y condiciones para realizar determinadas acciones, de manera que habrá un óptimo para algo; y tenemos que hay óptimos para lograr por ejemplo ser el corredor perfecto, o el nadador optimo, u óptimos para poder desarrollar las cualidades para ser un musico, o un buen artista.

Pasado el limite que permite desarrollarse en forma óptima, el individuo como se supone ya logro sus objetivos (que requerían mucho esfuerzo y tiempo), entonces, una vez que ya están los objetivos como por ejemplo el ser musico, o corredor, si ya se desarrollo la cualidad y habilidad, resulta que ya no es necesario seguir con el ritmo de vida acelerado para logra algo; por lo tanto vemos que entonces se baja el ritmo de hacer las cosas, y el individuo puede dedicarse a beneficiarse de lo que logro. Por ejemplo, si ya se es musico, el beneficio de entender ya la música hace que se puedan hacer y crear obras musicales; podemos ver que una vez siendo musico, el crear obras musicales ya no requerirá tanto esfuerzo, tiempo y recursos como cuando se esta preparando para serlo. Lo mismo para un corredor; una vez que el organismo desarrollo los músculos y fuerza necesarios para poder garantizar ser un buen corredor, lo que le sigue son solo rutinas de mantenimiento, es decir, llegado al limite de crecimiento y desarrollo que pudieron permitir los músculos, ya no crecerán mas a mayor esfuerzo, porque ya habrían llegado a su máxima capacidad, y una vez alcanzado este punto, no tiene caso seguir esforzándose, y si se hace, lo que le seguiría es un desgaste, algo que ya podría ser perjudicial para el cuerpo.

Podemos ver entonces, que eso que define las condiciones para poder esforzarse en algo y alcanzar objetivos o metas, esta determinado e influenciado por las hormonas; son las hormonas los que permiten que podamos alcanzar objetivos y cualidades, definiendo nuestros estilos de pensar y actuar.

En relación al amor, hay hormonas que están relacionadas con que el proceso mismo de Amar, y como se ha estado mencionando antes, se puede notar que el proceso de amar, como muchas otras condiciones del individuo, pasa por diferentes etapas, y a cada etapa le corresponden diferentes condiciones de acción. Una vez por ejemplo, que la mujer ha perdido la capacidad optima para tener hijos, no tiene caso que sigua ella teniendo el mismo libido sexual que cuando era adolescente, y entonces tenemos que el libido sexual optimo se maneja en rangos de edades que oscila en promedio entre los 15 y 25; después de eso no quiere decir que valla desapareciendo la esencia de la atracción de la mujer al hombre o del hombre a la mujer, sino que la perspectiva y los objetivos cambia; entonces la esencia del Amor relacionada a la pareja tiene que ir adaptándose a nuevas realidades, esto con el fin de establecer un progreso constante, pero uno podría preguntarse: ¿qué tipo de progreso?, es decir, ¿ no se supone que el estar "perdidamente" enamorado como un adolescente, es la sensación mas placentera que hay?, ¿ para que perder esa condición? .

Resulta que como se ha mencionado antes, todo esta enfocado a una estructura progresante, de avance, todo basado en la mayor utilidad y beneficio posible.

Vemos por lo tanto que el objetivo inicial de formar una pareja es tener hijos, pero una vez que se tienen, los padres no pueden estar distraídos solos en el placer que entre ellos puedan darse, eso seria algo muy egoísta; entonces la" balanza", se mueve en relación a lo mas efectivo, y los padres una vez temiendo hijos, como deben de ocuparse de ellos, la tendencia del libido entre ellos tiende a cambiar. Tenemos que los padres, durante el cortejo y momentos antes de tener el hijo, ya tuvieron su tiempo para divertirse y tener todo el placer que pudieron darse el tiempo y el lujo de tenerlo, pero una vez teniendo el hijo, entonces las responsabilidades cambian. El placer solo por el placer, no tiene rumbo ni dirección, de hecho, todas las cosas son placenteras o inducen un placer, porque esta implícita una dirección u objetivo.

Hacer algo solo por el placer que genera, y querer solo vivir de esa condición como estado eterno, es un acto de lo mas egoísta que pueda existir; por eso al final, las personas que solo practican actos enfocados solo a sentir placer, con el tiempo les llega una sensación de vacío, de manera que algo parecería no estar correcto, aun y cuando, técnicamente podría decirse que se paga con tiempo y recursos propios para tener esa condición que garantice el placer.

Un placer debe condicionarse a una responsabilidad y establecerse base a un objetivo, pero no se debe confundir el objetivo por el placer mismo diciendo: lo que busco es divertirme, ese es mi objetivo. Esto porque el placer no es un objeto en si , y la razón de un objetivo es una utilidad que trasciende al individuo.

El decidir tener hijos no es una cuestión personal, es una cuestión asociada hacia algo que trasciende al individuo, es simple: si las personas no tuvieran hijos no habría mas personas a futuro, por lo tanto, el tener hijos es algo asociado a garantizar la existencia de la humanidad, es el objetivo natural al que nos sujetamos, de manera que esa es nuestra responsabilidad por existir: garantizar un futuro no solo a nosotros, sino a generaciones futuras.

Por lo tanto el objetivo de tener hijos no es divertirse, es algo que involucra a una utilidad y beneficio a todos por igual; por lo mismo, el estado del placer asociado a tener relaciones, no debe de establecerse como objetivo.

El otro objetivo de que las parejas quieran estar juntas es que por obvias razones, entre dos individuos es mas fácil mantener las cosas que estando solos; los hombres tienen ciertas cualidades por naturaleza, las mujeres tienen también las suyas, y resulta que estas cualidades se complementan. No quiere decir lo anterior que ni mujeres u hombres no puedan estar solos en vida ni puedan solucionar sus asuntos en la individualidad, sino que, combinando cualidades entre pareja, se crea un estado en donde lo que se logra en pareja es mayor a lo que se puede lograr en la individualidad, es decir, el asociarse genera un aumento de beneficios y posibilidades.

Tenemos que una vez que los individuos han logrado ser padres, o han pasado la edad permisible biológicamente para ser padres, sería lo análogo a como se mencionó el estado del musico : una vez que se ha llegado a ser musico, se ha alcanzado el objetivo y ya no tiene caso ni es útil o productivo seguir esforzándose igual, lo que sigue es comenzar a vivir una etapa en la que se actúe con resultados basados en lo que se puede hacer con sus nuevas cualidades.

Por todo lo anterior, tenemos que el estado asociado al estar enamorados de alguien, es inevitable que no sea un proceso cambiante, y por lo tanto también que las emociones, y deseos lo sean. No significa que al avanzar el tiempo o alcanzar ciertos objetivos se deje de amar, lo que sucede es que cambian las formas de sentir el deseo, cariño y amor.

El proceso de crecer y envejecer es un proceso (contrario a lo que parece), enfocado a la estabilidad, a una condición basada en garantizar llegar a un estado con la mejor condición. El detalle es que el proceso para llegar a tal estado, depende no solo de los procesos biológicos naturales dispuestos para que así sea; por naturaleza las condiciones que nos rigen son los estados más óptimos y perfectos mismos para garantizar objetivos y resultados, pero el detalle final para lograr las cosas depende del estado individual propio del ser, de su libertad de ser y elegir.

El Amor es una fuerza poderosísima, no solo es un estado relacionado a sentir algo por alguien, no es una emoción o condición; es el estado de las condiciones y del ser asociado hacia aquello perfecto; por eso nos enamoramos, nos enamoramos de la condición.

El cambio de las cosas es lo que permite el progreso, por eso, cuando uno se enamora, no puede permanecer el mismo estado inicial del Amor a través del tiempo; se tiene que adaptar para seguir su proceso en el camino hacia un objetivo, hacia un estado mejor del ser; cuando uno se enamora y pasa el tiempo, el Amor no suele desaparecer como se cree, sino que tiende a cambiar la condición; uno como individuo, debido a su individualidad y libertad debe de entender este proceso, adaptarse, esto para no caer en el engaño que conduce al egoísmo y la búsqueda del placer, el cual si sucede, realmente se puede uno "deslindar" de la esencia misma del Amor.

Eso que llamamos Amor

jeemlesa@gmail.com

www.ingramcontent.com/pod-product-compliance
Lightning Source LLC
LaVergne TN
LVHW091234150826
845673LV00003B/1134